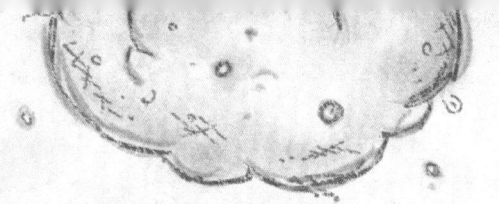

AF201972

Lieber Schutzengel,

abends geh ich müde schlafen,
doch bevor ich lösch das Licht,
kuschel ich mich in die Decke
und denk nochmal kurz an dich.

Du bist fest in meinem Herzen
und gehörst ganz klar zu mir.
Alle Freuden, alle Schmerzen
teile täglich ich mit dir.

Dank dir bin ich niemals alleine,
weil ich dich stets bei mir find.
Meine Familie ist auch deine:
Du bist
unser Sternenkind.

manchmal bin ich löwenmutig,
manchmal bin ich hasenklein,
manchmal bin ich Rumpelstilzchen,
manchmal auch ein Engelein.

Du hast mich lieb an allen Tagen,
in Freude, Liebe, Angst und Mut.
Dank dir weiß ich immer sicher:
So, wie ich bin,
so bin ich gut.

wenn mich einmal jemand ärgert,
gib ihm einen kleinen Schubs,
dass er stolpert und sich wundert,
gar nicht doll – nur einen Stups.

Will mir etwas nicht gelingen
und ich bin vor Wut ganz bleich,
schenk mir neues Selbstvertrauen,
es klappt halt nicht alles gleich.

Wenn ich mich mal doof verletze,
schick mir einen Sonnenstrahl,
der mir trocknet meine Tränen –
auch Indianer weinen mal.

Wenn ich mich mal einsam fühle,
setz dich leise neben mich.
Ich verrat dir ein Geheimnis.
Weißt du was?
Ich liebe dich!

Für alle kleinen
und großen Engel
im Himmel.

1. Auflage 2019
© 2019 KaleaBook, Schweiz
Alle Rechte vorbehalten.

Idee, Text: Alice Andres
Illustrationen: Jacqueline Kauer
Buchgestaltung: Daniel Kauer
Lektorat: Katharina Platz
Korrektorat: Ulrike Weinhart

ISBN 978-3-906234-10-6

Bereits erschienen bei KaleaBook:
· Fips will keine Schildkröte mehr sein
· Fredy flunkert – Lügen haben lange Hälse
· Schwiizer Wiehnachts-Versli
· Kräuterhexe Thymiana beim Koboldkönig (Duftbuch)
· Samus ganzer Stolz
· Bodo sucht die große Liebe
· Edi Colore, der Farbenvampir
· Prinzessin Trülilü auf der Suche nach der Zauberblume

www.kaleabook.ch

Gedruckt in Deutschland.

Alice Andres · Jacqueline Kauer

Emily und der Engelsrufer

KaleaBook

Emily kicherte und schlug einen Purzelbaum.
Durch die weichen Wände drang ein sanftes rotes
Leuchten und ein dumpfes, rhythmisches Klopfen
erklang in ihren Ohren. Sie fand, ihr Zuhause war
der schönste Ort der Welt.

Zwar war Emily noch nirgendwo sonst gewesen,
aber sie konnte sich nicht vorstellen, dass es
irgendwo anders schöner sein könnte.

Hier war es warm und gemütlich. Sie fühlte sich
geborgen und Liebe umgab sie wie das warme Wasser,
das ihren Körper einhüllte. Sie hörte oft die Stimme
ihrer Mama. Dann lauschte sie andächtig, drückte sich
an die Bauchwand und stellte sich ihre Mutter vor,
mit einem strahlenden Lächeln und lieben Augen.

Doch das Schönste an ihrem Zuhause war Felix.
Ihr Bruder war der wichtigste Mensch in ihrem Leben.
Sie verstanden einander ohne Worte. Jeder wusste,
was der andere dachte oder fühlte.

Emily konnte sich nicht vorstellen,
auch nur einen Wimpernschlag lang
ohne ihn zu sein.

Jetzt gerade schlief Felix und seine Hände öffneten
und schlossen sich im Traum. Emily schwamm zu
ihm und kuschelte sich an ihn. Sie gähnte, dann
döste auch sie ein.

Sie war mitten in einem Traum, als Licht durch
ihre Augenlider drang und sie weckte. Sie öffnete
die Augen und schüttelte verwundert den Kopf.

Was war das?

Es war so grell, so klar. Wo kam das Licht her?
Emily zwinkerte ein paar Mal, bis sich ihre Augen
an das Leuchten gewöhnt hatten.

Nun erkannte sie, woher der helle Schein kam.
Von einem kleinen Wesen, so winzig, dass es bequem
auf ihrer Hand Platz gefunden hätte. Auf seinem Kopf
saß ein glitzernder Reif und es sah sie mit großen
Augen an. Um seinen Hals hing ein Glöckchen,
das bei jeder Bewegung hell klingelte.
Neugierig schwamm Emily auf
den Winzling zu.

»Hallo«, sagte sie höflich,
»Wer bist du denn? Dich habe
ich noch nie gesehen!«

Das Wesen schüttelte sich und breitete
seine silbernen Flügel aus.

»Ich bin ein Engelsrufer«, erklärte es stolz.
«Kannst du mir bitte sagen, wie ich wieder nach
draußen komme?«

Emily sah den Engelsrufer verwundert an.
»Draußen? Was ist das?«

Der Winzling richtete sich auf und stemmte die Fäuste
in die Seite. »Na, draußen eben. Woanders. Nicht hier!«

Emily war ratlos. »Nicht hier? Was soll das heißen?
Hier ist hier. Es gibt nur hier.
Und hier sind nur wir, Felix und ich.«

Sie zeigte auf ihren Bruder, der immer noch
tief und fest schlief.

Der Fremdling verzog sein Gesicht zu einer schrumpeligen Grimasse. Seine Mundwinkel zitterten.

»Oh nein!«, flüsterte er. »Dann bin ich hier ganz falsch. Ich habe mich verirrt. Was für ein Unglück!«

»Verirrt? Was soll das denn heißen?« Emily musterte ihn mitleidig.

»Ich bin ein Engelsrufer.
Ich finde Seelen, die außergewöhnlich genug sind, um Schutzengel zu werden.

Dafür muss ich fest an eine bestimmte Seele denken, die bereit ist, ihren Körper zu verlassen. So komme ich zu ihr und kann sie in den Engelsgarten bringen. Aber ich habe einen Fehler gemacht.« Tränen stiegen in seine Augen.

»Das ist bestimmt nicht so schlimm«, tröstete Emily ihn. »Vielleicht wartet die Seele auf dich.«

Der Engelsrufer ließ den Kopf hängen.
»Das ist es ja gerade. Seelen können nicht warten. Wenn ich zu spät komme, sind sie schon auf dem Weg in den Himmel und erhalten andere Aufgaben. Das ist eine Katastrophe! Nur die schönsten und liebevollsten Seelen sind dafür geeignet, Schutzengel zu werden. Es ist sehr schwer, sie zu finden. Und nicht jede Seele möchte ein Schutzengel werden, auch wenn sie dafür geeignet wäre.«

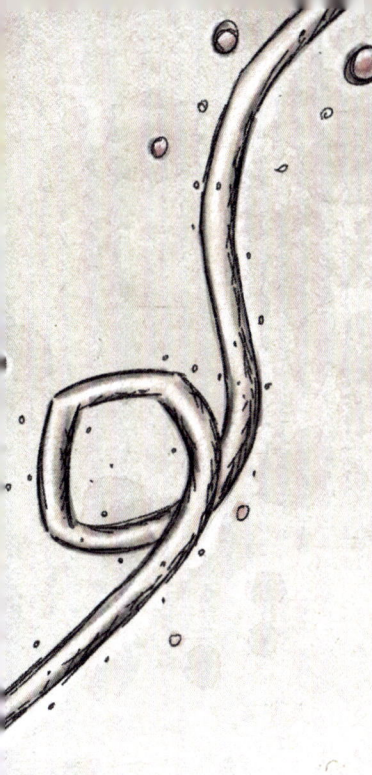

»Sie sind schwer zu finden? Aber was bedeutet das?«,

fragte Emily erschrocken.

Der kleine Kerl wischte sich mit dem Handrücken über das feuchte Gesicht und schnäuzte sich in einen Zipfel seines Hemdchens.

»Das bedeutet, dass nur ganz besondere Seelen dazu bestimmt sind, auf die Menschen aufzupassen. Sie müssen voller Liebe sein. Und mutig. Denn sie bewahren ihre Schützlinge vor allen Gefahren. Tag und Nacht. Deswegen sind Schutzengel auch besonders fleißig. Und klug, denn sie müssen schnell erkennen, wenn etwas schiefläuft.

Es ist eine sehr wichtige Aufgabe.

Die wichtigste auf der ganzen Welt. Die Menschen brauchen ganz dringend gute Schutzengel, damit sie vor schlimmen Dingen geschützt sind.«

Emily riss die Augen auf. »Schlimme Dinge?
Heißt das, es könnte auch meiner Mama etwas passieren? Oder meinem Papa? Oder …«, sie schluckte und
ihre Stimme wurde ganz leise, »… Felix?«

Zerknirscht sah der Engelsrufer zu ihr hoch.
»Leider ist das so. Jedem Menschen kann etwas
zustoßen, auch wenn er noch so vorsichtig ist.«

Emily wurde blass vor Schreck. »Aber das darf nicht
sein! Ich will nicht, dass meiner Familie etwas passiert.
Ich habe sie doch so lieb!«

Der Engelsrufer flatterte auf ihre Schulter und streichelte
die dicken Tränchen weg, die aus ihren Augen kullerten.
Da reckte Emily entschlossen ihr Kinn in die Höhe.

»Ich hab's! Ich werde der Schutzengel meiner Familie.
Von jetzt an passe ich auf sie auf.«

Emilys Besucher sah sie zweifelnd an.
»Bist du dir ganz sicher? Das ist eine sehr große
Entscheidung. Das bedeutet, dass du deine Mama
niemals in den Arm nehmen kannst, nie mit deinem
Papa spielen oder mit deinem Bruder Blödsinn
machen kannst. Du wirst immer bei ihnen sein,
aber sie werden dich nicht sehen können – nur spüren.
Und …«, der Engelsrufer schluckte schwer,
»… deine Familie wird sehr traurig sein!«

Emily nickte bedächtig.
»Das wird sie. Aber meine Mama und mein Papa
wissen, wie es ist, wenn man jemanden so sehr liebt,
dass man alles tun will, um ihn zu beschützen.

Sie werden es verstehen und
mich trotzdem liebhaben.«

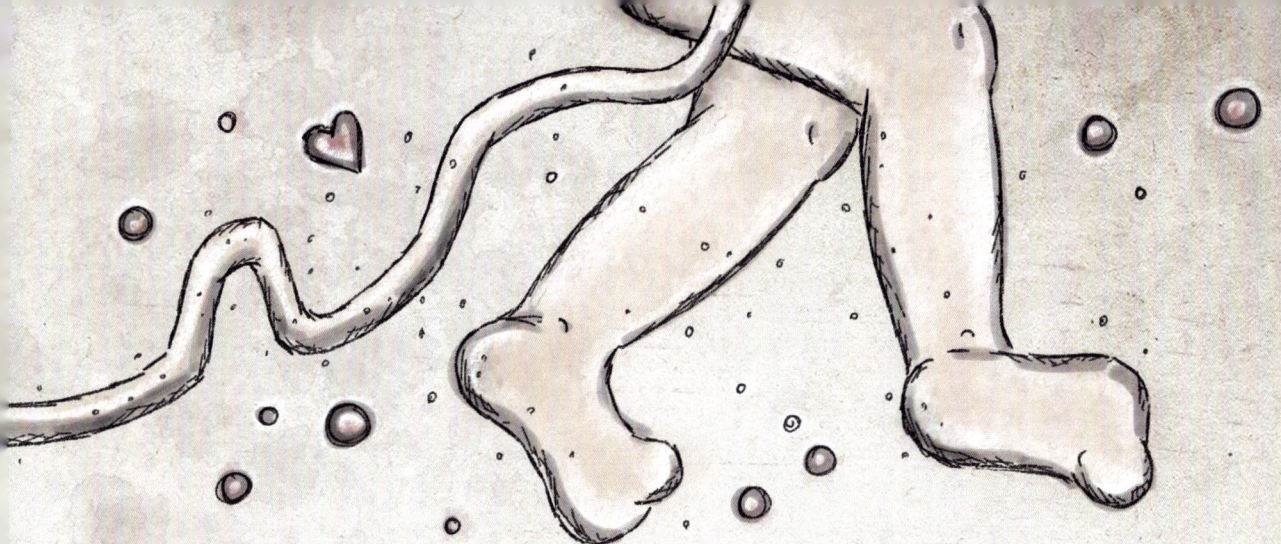

Der Engelsrufer war gerührt. »Sie werden dich ganz besonders liebhaben, kleine Emily«, flüsterte er.

»Du bist eine wahrhaft außergewöhnliche Seele.«

Emily schwamm hinüber zu Felix und flüsterte
leise in sein Ohr.

»Ich muss fortgehen, Felix«, sagte sie. »Ich muss darauf
aufpassen, dass dir nie etwas Schlimmes passieren
wird. Aber ich werde bei dir sein und dich immer lieben.«

*Felix öffnete die Augen
und schlang seine Arme um sie.*

Er spürte ihre Traurigkeit, aber auch ihre große
Entschlossenheit. Er spürte ganz tief im Herzen,
dass es richtig so war, denn sie war ein Teil von ihm –
und er ein Teil von ihr.

Ich beschütze dich ♡ Dein Schutzengel

Schutzengel Mobile

Dieser süße Engelsrufer passt auf dich und deine Familie auf. Er schenkt euch ganz viel Liebe, Gesundheit und gibt euch seinen ganz besonderen Schutzengel-Schutz.

Ein besonderes Mobile für deinen Lieblingsplatz!

1. Schneide die große Wolke mit dem Engelsrufer und die fünf Kreise entlang der schwarzen Linien aus. Falls du dazu Hilfe benötigst, frage eine erwachsene Person.

2. Stich mit einem Bleistift, einer Stricknadel oder dem Ende einer Büroklammer an den roten Punkten vorsichtig durch das Papier.

3. Nun schneide dir von einem Nylonfaden, einem weißen Zwirn oder einem glitzernden Faden sechs Stücke ab:

   – Ein langes, um die große Wolke daran aufzuhängen

   – Drei etwa 19 Zentimeter lange – für die äußeren und den mittleren Kreis

   – Zwei etwa 12 Zentimeter lange – für die beiden inneren Kreise.

4. Jetzt kannst du die fünf runden Aufhänger mit den Fäden an der Wolke befestigen.

Bastel-Tipp

Du kannst das Mobile auch ohne Löcher zusammenbauen, indem du die Fäden stattdessen mit einem kleinen Klebestreifen befestigst.

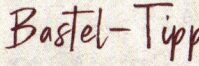

Ausmalbilder und Bastelbögen findest du unter: **www.kaleabook.ch**

Wenn du an deinen Schutzengel denkst, bewegen sich seine Flügel.

Es gibt da jemanden, der dich über alles liebt.

Bei Tag und bei Nacht,
bei Licht und Dunkelheit:
Ich bin für dich da.

Dunkle Tränen küss ich weg,
bis Regen wieder
nach Sonne schmeckt.

Tief in deinem Herzen
und in deiner Seele
werde ich immer bei dir sein.

Engel sind nicht immer
im Himmel. Manchmal sind
sie als Menschen getarnt
ganz nah unter uns.

Ein kleiner Windstoß,
eine kleine Feder,
ein Zeichen von mir.

Drei Engel mögen dich begleiten
in deiner ganzen Lebenszeit,
und die drei Engel, die dich leiten,
sind: Liebe, Glück, Zufriedenheit.

Möge der Himmel dich bewahren
vor Gefahren, Schmerz und Pein.
Möge stets ein lieber Engel
deines Lebens Hüter sein.

Schneide die runden Bilder entlang der schwarzen Linien aus. Falls du dazu Hilfe benötigst, frage eine erwachsene Person.

Wenn du willst, kannst du auch das Gebet ausschneiden.

Lieber Schutzengel,

ist die Nase aufgeschrammt,
sind die Knie mal blau,
dann ist das alles halb so schlimm,
denn ich weiß ganz genau:

Du folgst mir auf Schritt und Tritt,
kletterst auf den höchsten Baum,
führst mich über jede Straße,
stehst neben mir in jedem Raum.

Achtest auch auf meine Liebsten,
dass nichts Schlimmes uns geschieht.
Küsst mich abends vor dem Schlafen,
dass jeder böse Traum schnell flieht.

Alice Andres

ISBN 978-3-906234-10-6
© 2019 KaleaBook

Geborgenheit

Lieber Schutzengel,

bei jedem Klopfen meines Herzens,
jedem Atemzug von mir,
jedem neuen Abenteuer,
steh geschützt ich hinter dir.

Halte fest mich an den Händen,
laufe tapfer mir voran,
dass ich ohne Sorg' und Ängste
mit Mut und Liebe wachsen kann.

Achte auch auf meine Liebsten,
die in meinem Herzen sind.
Trage mich auf deinen Flügeln,
bis ich schöne Träume find.

Alice Andres

Familie

Schutz

Mut

Liebe

»Ich werde dich auch immer lieben, Emily!«,
sagte er und hielt sie ganz fest.
»Bitte pass auf dich auf«, sagte er leise.

Emily gab ihm noch einen Kuss und strich ihm über
die Wange. Dann ging sie mit dem Engelsrufer fort.

Emily hielt ihr Versprechen. Felix spürte sie in
seinem Herzen. Auch wenn er sie nicht sehen konnte,
sie war trotzdem immer bei ihm. Sie passte auf ihn auf,
egal wo er gerade war.

Und ihre Liebe begleitete ihn
in jeder Sekunde seines Lebens.

Der Engelsrufer besuchte von da an auch andere **Sternenkinder** und erzählte immer sehr gerne die Geschichte von Emilys mutiger Entscheidung.

Und so kam es, dass seitdem alle **Sternenkinder** zu ganz besonderen Schutzengeln werden und auf die Menschen aufpassen, die sie am meisten lieben.

Denn so können sie immer bei ihnen sein.

Ausmalbilder und Bastelbögen
findest du unter: **www.kaleabook.ch**

Schutzengel-Briefkasten

Möchtest du deinem Schutzengel etwas anvertrauen oder ihm einfach einmal Danke sagen?

Er freut sich ganz bestimmt über einen Brief oder eine hübsche Zeichnung von dir.